U0684078

纵横捭阖——苏秦

吉林出版集团有限责任公司

吉林文史出版社

◎◎ 主编 金开诚

◎◎ 编著 管宝超

图书在版编目（CIP）数据

纵横捭阖——苏秦 / 管宝超编著 . —长春：吉林
出版集团有限责任公司，2011.4（2022.1 重印）
ISBN 978-7-5463-5040-0

Ⅰ . ①纵… Ⅱ . ①管… Ⅲ . ①苏秦（前 340 ~ 前 284）
－生平事迹 Ⅳ . ① K827=31

中国版本图书馆 CIP 数据核字（2011）第 054523 号

纵横捭阖——苏秦

ZONGHENG BAIHE SUQIN

主编/ 金开诚 编著/管宝超
项目负责/崔博华 责任编辑/崔博华 高原媛
责任校对/高原媛 装帧设计/柳甬泽 徐 研
出版发行/吉林文史出版社 吉林出版集团有限责任公司
地址/长春市人民大街4646号 邮编/130021
电话/0431-86037503 传真/0431-86037589
印刷/三河市金兆印刷装订有限公司
版次/2011 年 4 月第 1 版 2022 年 1 月第 5 次印刷
开本/650mm×960mm 1/16
印张/9 字数/30千
书号/ ISBN 978-7-5463-5040-0
定价/34.80元

编委会

主　任：胡宪武

副主任：马　竞　周殿富　董维仁

编　委（按姓氏笔画排列）：

于春海　王汝梅　吕庆业　刘　野　孙鹤娟

李立厚　邴　正　张文东　张晶昱　陈少志

范中华　郑　毅　徐　潜　曹　恒　曹保明

崔　为　崔博华　程舒伟

前　言

　　文化是一种社会现象，是人类物质文明和精神文明有机融合的产物；同时又是一种历史现象，是社会的历史沉积。当今世界，随着经济全球化进程的加快，人们也越来越重视本民族的文化。我们只有加强对本民族文化的继承和创新，才能更好地弘扬民族精神，增强民族凝聚力。历史经验告诉我们，任何一个民族要想屹立于世界民族之林，必须具有自尊、自信、自强的民族意识。文化是维系一个民族生存和发展的强大动力。一个民族的存在依赖文化，文化的解体就是一个民族的消亡。

　　随着我国综合国力的日益强大，广大民众对重塑民族自尊心和自豪感的愿望日益迫切。作为民族大家庭中的一员，将源远流长、博大精深的中国文化继承并传播给广大群众，特别是青年一代，是我们出版人义不容辞的责任。

　　本套丛书是由吉林文史出版社和吉林出版集团有限责任公司组织国内知名专家学者编写的一套旨在传播中华五千年优秀传统文化，提高全民文化修养的大型知识读本。该书在深入挖掘和整理中华优秀传统文化成果的同时，结合社会发展，注入了时代精神。书中优美生动的文字、简明通俗的语言、图文并茂的形式，把中国文化中的物态文化、制度文化、行为文化、精神文化等知识要点全面展示给读者。点点滴滴的文化知识仿佛颗颗繁星，组成了灿烂辉煌的中国文化的天穹。

　　希望本书能为弘扬中华五千年优秀传统文化、增强各民族团结、构建社会主义和谐社会尽一份绵薄之力，也坚信我们的中华民族一定能够早日实现伟大复兴！

目录

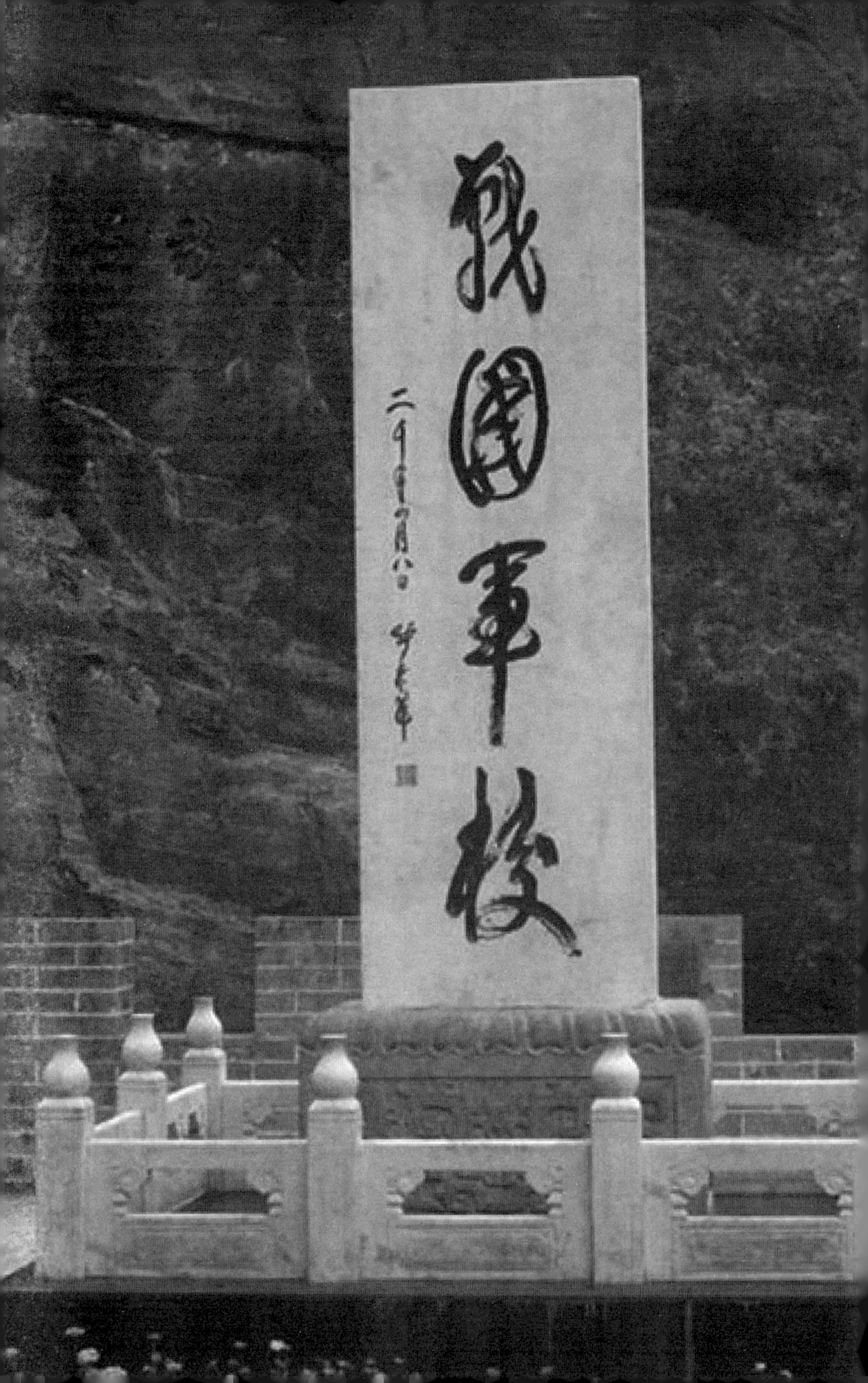

一、刺股求学

　　"头悬梁，锥刺股"的故事大家都听说过。这个故事被作为刻苦学习的代名词，已经在民间流传了几千年。这个用锥子刺腿发奋学习的人，就是东周时代的名人苏秦。

　　苏秦是东周洛阳人，也就是今天的河南洛阳。他出生于农民家庭，祖祖辈辈都靠种地为生，生活也很贫穷。苏秦兄弟五人，他排行最小，所以他的字叫做季

子，季就是末尾的意思。

　　苏秦生活的年代，是中国历史上的战国时代。当时各诸侯国之间龙争虎斗，风云际会，都想兼并其他诸侯国，扩张自己的地盘，忙得不亦乐乎。为此各国国君都想招揽人才，想依靠有学问的士人为他们的争霸事业献计献策。这些士人就想趁此机会到各诸侯国那里，去游说那些国君，想凭借自己的三寸不烂之舌来博取功名厚禄，从而成为有权有势的人。苏秦的几个哥哥，像苏代、苏鹄等都是依靠自己

的口才，赢得了国君的信任。当时的人们把这些依靠口才混饭吃的士人称为纵横家。苏秦很羡慕他的几个哥哥，受到他们的影响，从小就立下了远大志向，要发奋读书，将来也要像哥哥一样，依靠自己的学问出人头地。等到苏秦长大后，他一个人来到齐国，拜当时一个很有名的大纵横家鬼谷子为师，学习兵法和纵横之术。

鬼谷子也算得上是一个很负责任的老师了，对苏秦关怀备至，毫无保留地将自己的平生所学，无私地传授给了他。一晃几年过去，鬼谷子觉得苏秦在他这里待的时间也够长了，学得也不少了，是该让他下山的时候了。

告别的时候，鬼谷子对苏秦说："你在我这儿好几年了，我的本事也全部教给了你，你下山以后，想依靠什么样的事业去谋生啊？"苏秦说："我想去游说列国，希望能得到某个诸侯的赏识，将来也好荣华富贵。"鬼谷子摇摇头说："当今这个世上，像我这么有学问的人真不多啊。你也算得上天下最有学问的人了，要是潜心求学，就凭你的聪明才智，在哪都会混得有模有样，何苦为了尘世间那些功名利禄，甘愿做那些国君的下人啊。"苏秦并不认同鬼谷子的观点，说："师傅，我们听说好木材不

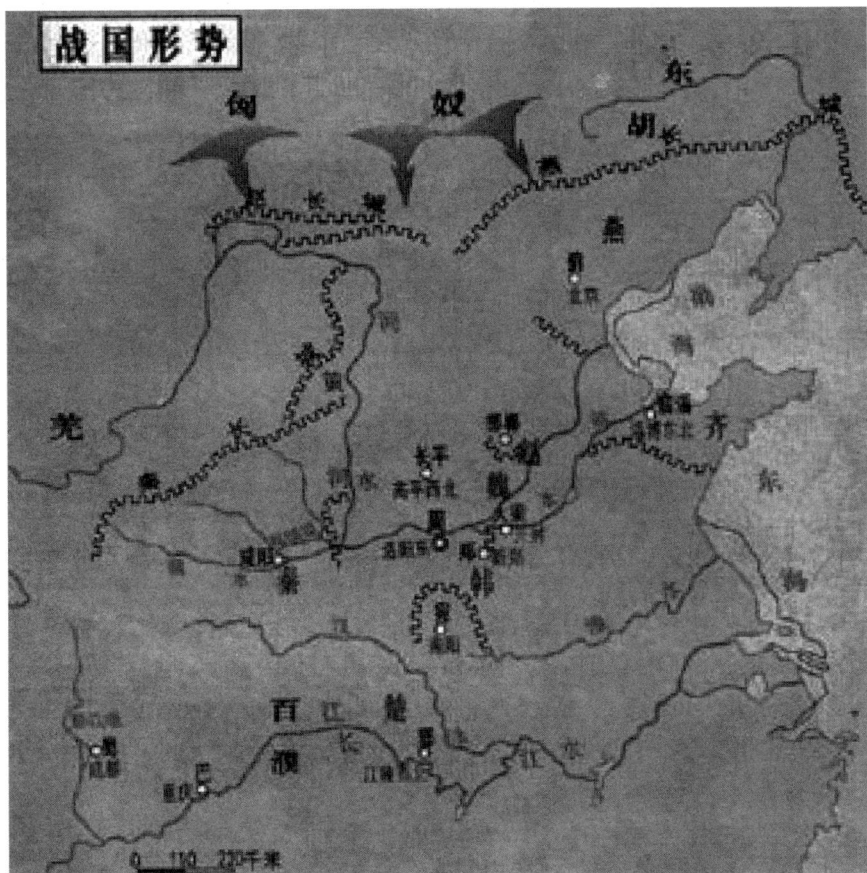

能白白地朽掉，宝剑不能天天藏在剑鞘里头。时光流逝，时不我待啊。人的生命太短暂了。现在趁着我年轻，跟师傅您学了这一肚子的本领，正是要去建功立业、流芳百世的时候。这才是大丈夫的作风！"鬼谷子说："你还年轻，有这样的志向是应该的。既然这样，为师也就不说什

么了。你说要周游列国，游说各国诸侯，为师也不阻止你。你要走了，我这个做老师的也不知道送什么给你，这本书就送给你，留作纪念吧。"苏秦接过书来一看，原来是姜太公写的《阴符经》。苏秦就问："师傅，这本书，您已经教过我了，再说弟子已经背得滚瓜烂熟了，现在你还要送给我，有什么用吗？"鬼谷子说："我虽然教过你，但是这本书里面的东西是很深奥的，你还没有真正理解其中的道理啊。现在你拿去，以后有时间就好好看看，会对你有帮助的。好了，别的我也不多说了，你回去吧。"苏秦就对鬼谷子鞠了三个躬，离开了他求学多年的地方。

苏秦在鬼谷子那儿学业完成之后，就回到了东周。他去拜访了有名无权的东周国君周显王，想留在东周朝廷里做官。周显王看苏秦聪明伶俐，能说会道，也想把他留下来。但是左右的贵族官宦们都瞧不起出身贫贱的苏秦，整天挖苦他。苏秦觉得要是天天这样那就太没前途了，于是悻悻地离开了东周皇宫。

出了东周的皇宫，苏秦想，当今天下最强大的国家就是秦朝了，秦国吞并其他各诸侯国是早晚的事。要是能够得到秦王的重用，这一辈子就没有什么可担忧的了，自己的志向也算完成了。而且苏秦还听说秦国国君秦孝公正在主持变法，正是需要人才的时

候，苏秦认为机不可失，时不再来，于是昼夜赶路来到秦国。但是到了秦国，苏秦才知道支持变法的秦孝公已经驾崩了，主持变法的商鞅也被车裂处死，现在新即位的国君是秦惠文王。苏秦也搞不清楚这个秦惠文王是怎样的一个人，不管怎样，他还是决定先去见见再说。

苏秦见到了秦惠文王后，对他说："大王您看秦国四面都有天险，有崤山护着，有渭水保护着，西面有汉中，东面有函谷关和黄河，南面有巴郡和蜀郡，北面有土地和马匹，这也算是个天然的富庶区了。"秦惠文王皱皱眉头说："你小子到底想说什么啊？"苏秦作了个揖，眉飞色舞道："要是大王您

看得上我苏秦，要我留在您身边，为您献
计献策，仗着咱们秦国地大物博，人口众
多，再培养出一支军事过硬的武装部队，
那么称霸天下、实现国家统一大业，还不
是小菜一碟。"秦惠文王冷笑道："先生
你可真会开玩笑。你的主意虽好，可是没
有办法实施啊。你看我们秦国，前些日子
被那个商鞅变法弄得鸡犬不宁，老百姓
都怨声载道的，对我们王室很不满啊。现
在国内的政治局势也不太稳定，秦孝公
给我留下的是个烂摊子，很多事都要从

头开始。这就像一只小鸟，羽毛还没有长好，怎么能够展翅高飞呢？先生还是请回吧。"其实秦惠文王说得也很有道理，秦国刚刚处死了主持变法的商鞅，秦人对过来游说的人都很厌恶和反感。秦惠文王不想留用苏秦也是有理由的。

但是苏秦还以为是自己的工作没有做到家，回到客栈还不死心，天天写文章，为秦国统一天下出谋划策，一连给秦王递了十几封信。可惜秦惠文王是铁了心不理苏秦，递到他手里的信件都石沉大海了。苏秦左等右等，也不见秦王回信，眼看着到秦国就快一年了，身上带的盘缠也快花光了，只好打道回府，回家再说。从秦国回家的路上，苏秦饱受折磨。一路上他穿着草鞋，打着绑腿，挑着行李，整天风餐露宿，忍饥挨饿。等到了家里，他是又黑又瘦，面容憔悴，活脱脱就是一个乞丐。

看到苏秦这样狼狈地回到家里，他的父母把脸背过去，当做没看到他。他的妻子正在织布，见到久别的丈夫归来，连织布机都不下。万般无奈之下，他到厨房去求嫂子给口剩饭吃。没想到嫂子连口

剩饭都不给。

遭到家人的冷遇，苏秦非常伤心。他唉声叹气地说："父母不把我当儿子了，妻子不把我当丈夫了，嫂子也不把我当小叔子了。这都怪我苏秦没本事啊。"不光家里人看不起苏秦，连邻居们也都笑话他："咱们这庄稼人要不就是做些小生意养家糊口，要不就是安安稳稳地在家种地。没有谁像苏秦那样想靠一张嘴过日子的，他现在混到这个地步，连家里人都看不起他，真是活该啊！"

苏秦听到这些话，心里很惭愧，恨不能找个地缝钻进去。但是他并没有因此气馁，而是深信依靠知识能够改变命运。

什么样的知识才能学以致用，改变自己的命运，苏秦昼思夜想，反复琢磨。终于悟出了这样一个道理——只有得到君王的赏识，才能受到重用，而要想得到君王的赏识，就得学会揣摩君王的心意。只有知道那些君主们心里想什么，才能够对症下药啊。可惜的是能够传授这样技能的书实在是太少了。

苏秦想到了告别师傅鬼谷子时，师傅赠送的兵家名书《阴符经》。他又重新翻阅了一遍，才明白师傅的良苦用心：弄懂此书之日，就是出头之

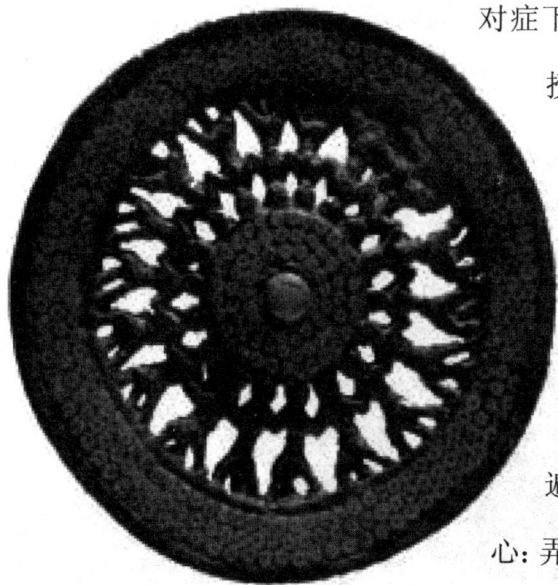

时。于是他日夜伏案攻读此书，感到困倦
了就用冷水洗洗头。还把锥子放在身边，
瞌睡了就用锥子猛扎自己的双腿，清醒
过来之后再继续读书。这就是为后人所
传诵的苏秦"锥刺股"的故事，还被写进
了《三字经》，苏秦因此成为发奋读书的
楷模。

功夫不负有心人，一年后苏秦的学问
大有长进，揣摩他人心意的功夫也提高
了不少。苏秦认为自己再去游说各国肯
定没什么问题了。但是自己这一年来还是
没攒下什么钱，只好硬着头皮再向家里
人要些盘缠。可是家人不肯相信他，没有

一个人肯借给他一分钱。苏秦只好对家里人说：实话告诉你们，这一年来，我苏秦可不是白吃饭的，读的书和以前的都不一样，这次出去肯定能够成功，要是再和上次一样我就不回来了。要是我成功了，那么天下的金银财宝只要我一伸手就有人给我送来。你们要是凑点钱给我，等我发了财，我一定会十倍百倍地偿还给你们。看到苏秦信誓旦旦的样子，家里人也半信半疑的，最后又凑了些钱给苏秦。苏秦再一次踏上了游说各国的道路。

二、合纵亲善

周显王三十六年的时候，苏秦来到了东方的赵国，当时的赵国国君赵肃侯对苏秦倒是没什么意见，觉得苏秦能说会道，是挺伶俐的一个人。但是赵肃侯的弟弟奉阳君却不大喜欢苏秦，觉得苏秦那套只不过是夸夸其谈，纸上谈兵，没有什么实际用处。因为当时奉阳君是国相，朝中大权掌握在他手里，所以赵肃侯也没有办法。苏秦也觉得在赵国待下去没有

什么前途，还是出去另寻他路吧。

苏秦认真研究了一下时事，认为赵国北面的燕国倒是一个好的去处。燕国在战国七雄当中地盘最小，实力最弱，而且它的强邻齐国和赵国早就有把燕国吞并的野心了。当时在位的燕国国君是燕文侯，为了能够在列国争霸中占有一席之地，燕文侯立志要求贤兴国。他任命郭槐为军师，筑起了一个黄金台，置千金于台上，大张旗鼓地实行招纳贤才的战略。苏秦意识到这是个绝好的机会，心想我苏秦大小也算个有学问的人，应付燕文侯还是绰绰有余的。

苏秦来到燕国，果然受到了空前的礼遇。燕文侯对苏秦十分重视，亲自到郊外去迎接，还盛宴款待了他。苏秦感动得泪眼婆娑——出来这么久了，还没有一个人像燕文侯这么看得起他的。俗话说士为知己者死，为了报答燕文侯的知遇之恩，苏秦决定倾其所能，为燕文侯出谋

划策。酒足饭饱之后，苏秦对燕文侯说：

"大王，就让我苏秦给您谈谈天下的局

势吧。"燕文侯说："先生也知道我们国

家的情况，国家小，人口也不多。我也知

道落后就要挨打的道理，可是我们燕国

实在是太弱小了，我自从当上这个国家的

国君之后，天天想着怎样才能不被敌国

欺负。既然先生来了，还望先生赐教。"

苏秦摆摆手说："大王这番话真是灭自

己的威风，长别人的志气，我倒和你的想法不太一样。你们燕国地盘是小一些，但是地理位置优越。你看燕国东边是朝鲜和辽东，北面有林胡和楼烦。西面是云中和力原，南面是滹沱河和易水。国土面积虽然不大，但是也有千余里；士兵虽然不多，但是还有个十几万；况且武器装备还不赖，据说有战车六百辆，战马六千匹。国库里的粮食可以供给好几年。南面土地肥沃得不得了，北面

的 土 地

盛产枣子和栗子，人民即便不从事农业生
产，光靠枣子和栗子的收入，也能过上富
裕的生活。大王，你看燕国是不是一个人
见人爱的地方啊？"苏秦的一番话，让燕
文侯听了心里乐滋滋的，第一次感到自己
的国家还是很有优势的。苏秦看到燕王
乐呵呵的样子，觉得自己这番话可是没有
白说，接着又说："我看到燕国人民安居

乐业，近年来也没有什么战争发生，心里羡慕得不得了，这在如今这个时代还真是不多见。大王，你知道为什么燕国没有战火吗？"燕文侯摇摇头说："这个寡人倒是没有想过。还请先生继续讲下去。"

苏秦说："燕国没有遭受外敌入侵的主要原因是有南面的赵国作为屏障。很早以前，秦国和赵国打过五次仗。秦国只赢了两次，而赵国却赢了三次。秦国和赵国打得不亦乐乎，所以无法顾及燕国。现在秦国的野心是想吞并天下，燕国自然是秦国

吞并的对象，但是秦国想吞并燕国的话，却并不容易啊，他们要越过云中、力原等地，还要经过代郡、上谷等地，等攻到燕国的城池已是疲惫不堪了。况且燕国方圆几千里，秦兵分兵占领也很难长期坚持下去。这是秦国迟迟没有攻打燕国的原因。所以我认为秦国并不是燕国首要的敌人。"燕文侯连忙问："秦国这么强大，连赵王都怕他们，先生竟然说秦国不是我们燕国的首要敌人，难道还有比秦国更可怕的敌人吗？"苏秦点了点头说：

"当然有了，比秦国还要可怕的敌人不是他国，正是你们南

面的赵国啊。赵国在你们燕国的南面，和你们的国土接壤，赵国要是想攻打你们燕国的话那还不是举手之劳吗。只要赵王一声令下，不到十天。赵国军队就会开到燕国的边境，然后渡过易水和滹沱河，用不了四五天的时间，就能够直逼燕国的都城。所以说秦国攻打燕国是远在千里之外，而赵国攻打燕国是近在百里之内啊。"燕文侯点头称是，连忙问："先生说得太有道理了，想想还真是那么回事。可是以我们燕国现在的国力，别说是和秦国抗衡，就是赵国来我们也不是对手

啊。"苏秦又摆了摆手说道:"大王你多虑了。我认为现在燕国和赵国共同的敌人都是秦国,只要大王肯和赵国合作,合纵亲善,然后再联络中原各诸侯国共同对付秦国。到那时中原各诸侯国团结得就像一家人,别说是赵国,就是秦国也不敢拿燕国怎么样啊。"燕文侯听了觉得很有道理,便对苏秦说:"先生说得很有道理。我们燕国实在是弱小,南面有强大的赵国,西面有强大的齐国,齐国和赵国都

是强大的国家，我们哪个都不敢得罪。要是依照先生的意见能够让燕国免遭外敌入侵，使我国人民能够永享太平，寡人愿意听从先生的安排，与赵国结为友好。"于是燕文侯供给苏秦许多车马，金银、布帛、让他去赵国游说结盟的事宜。

这是苏秦第二次来到赵国。这一次去的时候赵国的奉阳君已经去世了，奉阳君的哥哥赵肃侯掌握了实权。而此时的赵国正受到秦国的威胁，赵肃侯听说苏

秦从燕国带了厚礼来求见，亲自带领文武百官出宫迎接。赵肃侯诚恳地对苏秦说："先生上次来我们赵国，因为我弟弟的缘故，让先生受委屈了。现在我们赵国正受到秦国的威胁，先生说我该怎么办呢？"苏秦拱了拱手，对赵肃侯说："天下的人，无论是达官贵族，还是平头百姓，没有不仰慕大王您的仁慈的，因为您仁慈大度，所以他们都乐意接受您的领导。

以前你弟弟奉阳君主持国事，他嫉妒贤能，您又不大理事，所以很多人不敢在您面前讲实话。现在奉阳君死去了，您又比较随和，没有国君的架子，所以我才敢跟您谈一下我那些不高明的看法。"赵肃侯被苏秦夸赞得心里乐开了花，连忙说："烦请先生赐教。"苏秦也毫不客气地说："国家的根本大计在于选择正确的外交政策。外交政策恰当，国家才能平安无事，否则必然后患无穷。大王恕我直言

啊，我觉得赵国现在的外交政策都不太
妥当啊。现在赵国怎么也算得上是山东
一带的强国了，谁都能看出来就连秦王也
怕你三分。我不明白既然秦国的实力和赵
国不相上下，为什么大王要向秦国称臣？
我认为大王您是不应该这么做的。"赵肃
侯听了，沮丧地低下头叹道："我也不想
这样，可是秦国太强大了，先生没有看到
天下的诸侯没有不怕秦国的吗？我也是
没有法子啊。"苏秦摇摇头说："大王，

你这样说是有些道理。虽然说仅凭赵国
一个国家的力量，难以和秦国抗衡，但是
我们可以把个人的力量转化为集体的力
量啊。我仔细地研究过现在的局势了，你
看中原各国的土地加起来要比秦国大五
倍，军队的数量加起来也比秦国的多十
倍。这些诸侯国要是能够团结起来，把
秦国作为共同的敌人，秦国一定会被打
败的。可是你看，中原那些诸侯国却没有

一个国家是这样去想，这样去做的。他们只想割让一些本国的土地给秦国，只为了能够保住本国一时的平安。但是秦国的贪欲是没有止境的，它不会满足于这小小的一点好处。今天这个国家割让给秦国一点土地，明天那个国家又割让给秦国一点土地，这样下去，秦国只会越来越强大。中原各国被秦国一一吞并的危险也就越来越大，早晚有一天秦国会把这些国家全部吞并掉的。"赵肃侯听了，连连点头称是。苏秦接着说："当前山东一带没有比你们赵国更强大的了，赵国领土有两千多里，军队有几十万，武器装备也很先进，有战车几千辆，战马几万匹，粮食供给能够维持好几年。而且地理位置也相当优越。你看赵国西边有常山，南边有漳河，东边有清河，北边有燕国，是一个

三面都有险可守的国家。至于北面的燕国，本来就是一个小国家，不值得害怕。

在秦国看来，能够和他们国家相抗衡的国家只有你们赵国了，但是还有一个问题不知道大王你想过没有，这些年来秦国为什么没有大规模进攻赵国呢？仅仅是因为你们赵国实力强大一些吗？"赵肃侯捻着胡子，沉思了好长时间说："难道不是这个原因吗？"苏秦摇摇头说："自然赵国强大，秦国不敢轻举妄动，但是还有一个更重要的原因是秦国害怕在他们攻打赵国的时候，韩国和魏国在后面暗算自

己。因为一旦秦国国内兵力空虚的时候，韩国和魏国趁火打劫，率兵攻打秦国的话，那么对秦国来说，亡国都有可能啊，没有比这种情况更让人担心的了。这才是秦国迟迟不敢大举攻打赵国的原因啊！"

赵肃侯听了连连点头称是。苏秦接着说："既然大王也认为是这样，那么可以说韩国和魏国算得上赵国的天然屏障了。但是大王你想一下，要是这两个天然屏障被秦国吞并的话，距离秦国攻打赵国的日子也就不远了。秦国攻打韩国和魏国，中间既没有大山阻挡，也没有河流拦截，秦国会像蚕吃桑叶那样一点一点地把这两个国家的土地吞并掉，直到

靠近他们的都城才停下来。到那个时候，韩国和魏国再也无法抵挡秦国的进攻了，必然会向秦国投降的。秦国一旦没有了韩国和魏国暗算的后顾之忧，那么战火就必然集中地落在赵国的头上了。"

赵肃侯听了，脸上的汗都冒出来了，连声问："那么先生认为该怎么办才好呢？"

　　苏秦拱了拱手，说："我听说尧帝身边的助手还不到三个人，舜在占有天下以前，只有巴掌大小的一块地盘，大禹统领天下以前只有一支几百人的队伍，商汤和周武王所带领的士兵不过三四千人，战车不过几百辆，战马不过几百匹，但是最后这些人却被拥立为天子，统领天下诸侯。这是什么原因呢？我认为要想称霸天下，并不在于君主手里拥有多少部队和武器，也不在于拥有多大的地盘和多少臣民，而是在于这些君主能不能掌握征服天下的道理。秦国土地虽然辽阔，但是土地毕竟有限。而中原各诸侯国的土地加起来要比秦国的国土大五倍；秦国的军队人数虽然很多，但是中原各诸侯国的军队数量加起来比秦国的军队要多十倍。要是这些诸侯国联合起来，把秦国作为共同的敌人，那么秦国一定不会像现在这么猖狂。可是现在这些诸侯国的国君却

没有一个这么想，他们放着尊贵的面子不要，反而一个个争着向秦国称臣，这实在令人感到惋惜啊。大王你想想，打败别人和被别人打败，叫别人向自己称臣和自己向别人称臣，哪种情况更让人觉得舒服呢？"赵肃侯笑着说："当然是打败别人，叫别人向自己称臣感觉舒服了！"

苏秦站起来高声对赵肃侯说："既然大王不想被别人打败，也不想向别人称臣，那么大王就应该早下决心，联合中原几个诸侯国，共同对抗秦国。我认为英明的君主不应该优柔寡断，也不应该听别人说三道四。现在秦国还没有吞并其他国家，这是一个非常好的机会。大王应该赶紧号召天下的君主在洹水边上举行结盟仪式，和他们互换

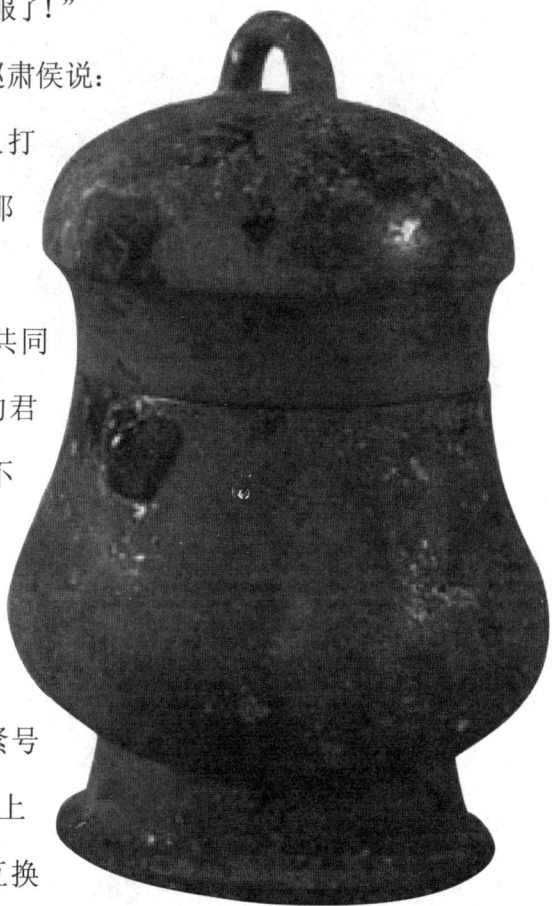

人质，宰杀白马，并且订立一个人人都要
遵守的条约。条约可以这样写：'要是秦
国攻打楚国，那么齐国和魏国就要出动
部队援助楚国，韩国就负责断绝秦国供
应粮草的道路，赵国就渡过漳河待命，
燕国就守在山北面的地带。要是秦国攻
打韩国和魏国，那么楚国就负责切断秦
国的后路，齐国就派出部队增援楚国，赵

国也应该派兵渡过漳河给予支援，燕国就派兵驻扎在云中。要是秦国攻打齐国，那么楚国同样负责切断秦国的后路，赵国渡过漳河给予支援，燕国也要派出部队支援楚韩魏赵等国。要是秦国攻打燕国，那么赵国就据守常山，楚国把军队开到武关，齐国渡过渤海进行支援，韩国和魏国也要派部队到燕国去。如果秦国攻打赵

国，那么韩国就要派出精锐部队开到宜阳来，楚国把军队开到武关来，魏国把军队开到河外，齐国派军队渡过清河，燕国更是要派精锐部队进行支援。诸侯中要是有违背条约的，就要联合其余五个国家的军队共同去讨伐它。只要你们六个国家心往一处想，劲往一处使，老老实实按条约办事，共同对付秦国，那么秦国的军队一定不敢走出函谷关来侵犯山东一带的国家。这样君主和臣民们就可以共享太平了。"

　　赵肃侯听了，兴奋地从椅子上站起来，在朝堂上来回地踱着步子，激动地对苏秦说："先生你看我年纪轻轻的，料理国家大事的时间还不长，对于天下的局势不太清楚，也没有一个人能像先生这样给我分析形势的。像先生这样一位尊贵的客人，怀着一颗赤诚之心，一心一意为了保全我们的国家而出谋划策，安定各诸侯国，我真是感动得不知道用什么词来表达内心的谢意了。我愿意一切听从您

的安排，尽快安排结盟事宜，还请先生再
到别的诸侯国去做做那些国君的思想工
作，到时候我号召起来也能够轻松些。"
苏秦说："这个大王尽管放心，我自然会把
他们说服的。"

临走时，赵王给了苏秦一百辆车马，
一千斤黄金，一百双玉璧，一千匹绸缎，
苏秦带着这些东西，去游说其他诸侯国
的国君去了。

苏秦离开赵国，来到了韩国，见到

了韩国国君韩宣王。苏秦对韩宣王说道：

"大王啊，我有一事想不明白，韩国北面有巩县、城皋这样坚固的城池，西面有宜县、商阪这样的要塞，东面有肖水，南面有经山，国土面积有九百余里，武装力量有十几万，而且你们部队的武器装备是天下最先进的。我听说你们国家制造的强弓劲弩没有一个国家能够比得上，不仅能射出六百米之外，而且力气大一点的士兵可以让箭镞射穿铠甲。贵国生产的宝剑也是无可比拟的，平时宰杀牛马就如同切块豆腐似的，和敌人打起仗来能够砍断他们穿的铠甲铁衣。而且韩国的士兵个个英勇无比，穿着坚固的铠甲，佩带着锋利的宝剑，扛着强弓劲弩，打起仗来无不以一敌百。韩国军队拥有强大的战斗力，大王又英明神武，却为何要向西方的秦国俯首称臣，使国家蒙受耻辱，大王也因此被天下人笑话，我真的不明白大王为什么这样去做啊！"

韩宣王竟然被苏秦问得不知道说什么才好，支支吾吾地说不出话来。苏秦打

断了韩宣王，径自说道："大王既然向秦国屈服，秦国一定会向你索要城池，你现在把土地奉献给它，可以换得一时的安定，可是秦国的贪欲是没有止境的，明年他们又会再向你索要土地。给它吧，你们国家的土地就那么多；不给它吧，你以前的外交努力算是前功尽弃了。况且秦国是不会善罢甘休的，他们一定会三番五次地来找你们的麻烦。大王的土地有数，可是秦国的欲望没有尽头，拿着有限的土地去迎合那无尽的贪欲，这样一来，用不着发生战争，土地早被人给侵占完了。我听到老百姓有句俗话叫做'宁作鸡头不作凤尾'，现在大王拱手向秦国称臣，来换取表面上的尊贵，以臣子的身份去侍奉秦国，这和作凤尾有什么区别啊？凭着大王的英明神武，拥有这么强大的军队，不去作一个昂首挺胸的鸡头，反而去作一个任人摆布的凤尾，我苏秦都替大王感到惭愧啊。"

听了苏秦一番讽刺挖苦的话，韩

宣王气得脸都变色了，他猛地抽出宝剑，把眼睛瞪得圆圆的，抬头望着蓝天，长长地叹了一口气说："听了先生的话，我才发现我活得实在是太窝囊了。我尽管没有什么出息，但是大小也算是一国之君。我一定要堂堂正正做人，绝不能向秦国低头。今天先生不远千里来到这里教育我，我愿意听从先生的安排，听从赵王的号召，联合其他诸侯国君，共同对抗秦国。"

苏秦离开韩国后又只身来到魏国。一见到魏襄王，苏秦就开始发问："大王啊，我有一事不明白，想来向你请教。你

看你们魏国的国土，南面有鸿沟等地，东面有无胥等地，西面有长城为界，北面有河外守护。这些地方的名声虽然小了点，但是田地房屋十分密集，连放牧牲畜的地方都没有。想你们魏国，人口众多，车马成群。整天人来人往的声音就轰轰隆隆的，那声势就像三军士卒那样多。我私下里琢磨你们国家的力量不会小于楚国吧。可是那些主张连横的家伙，却希望魏国能够伙同虎狼一样的秦国来侵略别的国家。如果大王这样做的话，势必会引起天下诸侯对大王的怨恨。大王却不管这些，一味地向秦国俯首称臣，还大言不惭地说魏国是秦国的东方属国，为秦王建造帝王的宫殿，接受秦王给你的赏赐，还每年都去祭祀秦王的祖宗。大王啊，我真的替你感到惭愧啊！"

魏襄王听了苏秦的一番话，半天没有说出一个字来，额头上的汗直往下流。苏秦接着说："我听说周武王仅仅带领三千士卒，依靠皮革蒙着的三百辆战车，在牧野打败了商纣王；越王勾践带领三千名疲惫的士兵，在干遂活捉了不可

一世的吴王夫差。难道是因为他们的力量强大吗？还是因为他们拥有的士兵多？都不是吧。实际上是他们能够充分发挥士兵的积极性的缘故。我听说魏国现在的军事力量是非常强的，由步兵、先锋队这些精锐部队组成的士兵数量大概有几十万，战车有六百辆，战马有五千匹，这些兵力远非周武王和越王勾践所能比拟。可是大王却听信左右群臣的话，只想以臣仆的身份服侍秦国，图个一时半会的安定。但是大王你想啊，如果你向秦国称臣的话，秦国必定要你们魏国奉献上

土地，以此来表达你们对秦国的忠心，但是秦国的欲望是没有尽头的，早晚有一天，你们魏国的土地都会献给秦国的。这样秦国不需要动用武力，而你们魏国早已亡国灭种了。所以大王，你要看清楚一件事，群臣中凡是要求大王向秦国称臣的人，都不是忠臣。你想啊，作为臣子，想依靠割让自己国君的土地，来保住自己的高官厚禄，而不去考虑它的后果，还能算得上是忠臣吗？《周书》上说：'错误的东西一开始就像是一根很细小的丝线，如果不及早砍断的话，等到蔓延开来的时候，就没有办法了。毫厘大小的时候不早砍断，等到长大，就得用斧头啊。'凡事在事前不考虑成熟，事后就会有大祸降临。大王要是能够听从我的建议，和中原各诸侯国联合起来，共同对抗秦国，那么被秦国亡国灭种的危险就不会存在。我此番前来正是奉了赵王的委托，向你献上这个不太成熟的建议，要是大王觉得我说得还在理的话，就希望你能够听从赵王的号召，参加六国的盟约大会；要是大王觉得我说的是无稽之谈，那就当我什么都没说吧。"

魏襄王思考了半天，才说："先生说的话是很有道理的，我虽然没有什么能耐，但是也不希望将来做个亡国之君，让魏国百姓戳我的脊梁骨啊。以前咱们也没有机会相见，所

以直到现在才能够听到先生如此高明的教导。既然赵王也同意这样，那就没有什么可担心的了。先生放心吧。我愿意听从先生的建议，等候赵王的号召。"

苏秦说服魏襄王后离开魏国，继续向东来到齐国。苏秦见到齐宣王，先是对齐宣王夸奖一番。苏秦说："大王啊，在你的英明领导下，齐国可算得上是一个东方大国了。齐国南面有太山，东面有琅琊，西面有清河，北面有渤海，这算得上是一个四面都有天险可守的国家了。齐国的土地在天下各国中也算得上是数一数二的了，大概有两千多里吧。据说齐国的军队有几十万人，国库里的粮食堆得像小山一样高。三军将士个个英勇无比，进攻时像离弦的箭一样，没有人敢抵挡，撤退时像风雨一样很快就能消散。如果需要招募军队的话，根本就不需要在全国范围内挑选，仅仅在你们的都城临淄就可以了。我私下里计算过，临淄现在有常住居民七万户，每户人家不少于三个男子，这就是二十一万啊。不需要从外地征兵，仅仅临淄的兵源，就能有二十一万。再说我看到你们临淄实在是够繁华的，吹竽鼓瑟的，弹琴击鼓的，耍猴卖唱的，真是让人看得眼花缭乱。我来的时候，看到道路上车辆是轮子挨着轮子，人多得是袖子贴着袖

子，我在东周的时候，就听说临淄繁华得

不得了，说要是临淄的老百姓把袖子都连

起来，就能遮住整个天，临淄的老百姓要

是都擦把汗，那就像下场雨一样。当时我

还以为是在胡说，今天我来到临淄，亲眼

看到了这种场面，真的是瞠目结舌。只是

我不明白的是，齐国人民个个家庭富足，

老百姓的精神状态也很饱满，我

看大王也像个英明的君主，

为什么大王就甘愿向秦国称

臣呢？"

齐宣王说："先生，这有什

么好奇怪的呢，当

今天下，人人都知

道秦国最强大

了，没有谁敢跟秦

国过不去的，你没看见

连韩国和魏国

都怕秦国怕得

不得了啊。我这

么做，也是没有办法啊。先生反而来批评我，真是没有道理，我没有错啊！"

苏秦又好气又好笑地说："大王，你对天下局势是一点不了解啊。韩国和魏国之所以害怕秦国，是因为它们的边境和秦国接壤，国界相邻，很多事就很难办了。要是它们打起仗来，双方出动军队，力量也差不了许多。不用超过十天结果就很明显了。要是韩国和魏国战胜了秦国，那么自己的兵力也要损失一半，韩国和魏国就没有足够的兵力来守卫它们的边境了。如果韩国和魏国不能战胜秦国，那么亡国灭种的危险马上就要到来。因此韩国和魏国把和秦国作战看得比自己的生命还重要。但是秦国要是想攻打齐国的话，就不是这个样子了。秦国背后紧挨着韩国和魏国的土地，要想攻打你们齐国，就得越过魏国的通道，经过一系列天然的屏障，翻越大山，跨过河流。车辆不能并排行走，骑兵也不能两匹马并行，麻烦得不得了。只要齐国率领小股部队扼守险要的地带，再多的秦兵也无法通过。再说秦国也不敢大举进攻你们齐国，原因在于怕韩国和魏国趁它国内兵力空虚的时候，在背地里暗算它。所以别看秦王整天一副耀武扬威的样子，其实他根本不敢拿齐国怎么样。"

"如果大王想不到这一点，只想和韩国或魏国那样，一味地依靠向秦国称臣，来换取一时的安定，那真是一个最愚蠢

的方法。你的这些臣子们也没有一个能算得上是忠臣的了。现在大王要是觉得我说得有道理的话，就放弃向秦国称臣的打算，和中原各诸侯国结成联盟，把秦国作为共同的敌人。这样大王既不用忍受向秦国称臣的耻辱，又可以使齐国人民安居乐业。我这次前来就是受了赵王的委托，向你表达这个意思的。要是你觉得我说得有点道理，就不妨听从我的建议。赵王到时候会号召中原的各路诸侯参加盟会，希望大王能够参加。否则，大王您会

后悔一辈子的。"

齐宣王说话也不含糊："先生，你看我常年居住在这遥远偏僻的地方，天天看到的除了大海还是大海，长这么大了，还没有到过别的国家，对于天下的局势也不太了解。我那帮臣子们只知道天天拍我的马屁，还没有谁给我出过如此高明的主意。现在先生千里迢迢来到我们齐国，而且连赵王都采纳了先生的建议，那我就更没什么话可说了，一切听从您的安排就是了。"

苏秦离开了齐国，去西南游说最后一个诸侯国，也就是楚国。苏秦见到了楚国国君楚威王，一番寒暄之后，苏秦说："大王啊，楚国算得上是天下很强大的国家了，而大王您算得上是天下最贤明的君主了。楚国西面有黔中，东面有海阳，南面有洞庭湖，北面有经赛州，国土方圆有五千多里，武装部队有上百万人，战车据说上千辆，战马有上万匹，即便是从现在开始国家颗粒不收，国库里堆积的粮食也能够支撑十几年。这些都表明楚国在大王的治理下，取得了很大的成就。可是现在大王竟然想着要向秦国称臣，我认为一点道理都没有啊！"

"对秦国来说，最大的敌人就是你们楚国了。唯一能够和秦国争霸天下的也只有楚国。秦国强大了，楚国就

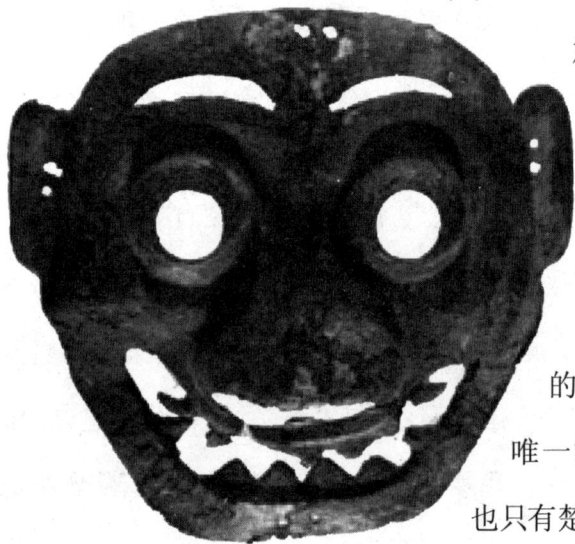

弱小，同样，楚国强大了，秦国也会弱小。

你们楚国和秦国，就像是水和火那样，

根本就不可能同时存在。所以我认为，大

王你向楚国称臣，妄想能够换取你们楚

国的长治久安，那无异于痴人说梦。天下

的人都知道秦国是一个像虎狼一样的国

家，素来都有吞并天下的野心。所以秦国

可以说是天下诸侯国共同的敌人。现在

天下诸侯国的国君们都想联合起来、共

同对付秦国。我这次前来，

是受了赵王的委托，希望

能够听一下大王您的意见。

要是大王愿意和各诸侯国联

合起来，合纵亲善的话，

那么不仅可以免受向秦国称臣的耻辱，而且还能保住楚国的大国地位啊！"

"我听说君主要治理国家就要在祸乱发生之前有所行动，为的是防患于未然。要是等到祸患降临了，才去想着治理，那就来不及了。所以希望大王认真地考虑这件事情，早作打算。要是大王能够听从我的建议，我愿意叫山东各诸侯国每年向你进贡礼品，接受大王你的领导，朝奉你的宗庙，并且诸国联合部队也愿

意听从你的指挥。韩国、魏国、赵国、齐国、燕国。一定会在你的英明领导下，让天下百姓永享太平盛世的。大王，你是一个明白人，要是按照我的意见，你称霸天下的事业就很容易实现，要是不按照我的建议，等到秦国吞并了天下诸国，再来对付你们楚国的时候，恐怕你连后悔都来不及啊！"

楚王朝苏秦拱了拱手说："我们楚国西面和秦国接壤，所以秦国一直都有夺取巴蜀和吞并汉中的野心，这我是再清楚不过的了。我也知道秦国是虎狼一样的国家，早就有吞并天下的野心，所以向秦国屈服我心里也是不愿意的。我也想过和韩国、魏国联合起来，共同对付秦国。可是我对它们两个国家实在是放心不下啊，要是到时候它们两国背叛我们楚国，去讨好秦国的话，我们楚国就要遭到灾祸了。这件事弄得我躺在床上也睡不好觉，吃东西也感到没有胃口，一天到晚不

得安宁。现在先生的意思是要我们天下所有的诸侯都联合起来，订立盟约，共同对付秦国，这样我也不怕有哪个国家背叛我们楚国了。这也是我一直想做但没有去做的一件事。我愿意按照先生的安排，参加六国诸侯的结盟大会，这样不仅我国的人民能够安居乐业，我也能够安心治理自己的国家了。"

得到了楚国国君的允诺，苏秦的任务也算完成了。

没过多久，赵王就通知天下的诸侯，要他们到洹水边来集会，商讨结盟事宜。苏秦代表赵肃侯早早地来到洹水边，搭起一座高台，等待四方诸侯的到来。燕文侯先到，接着韩宣王也来了。又过了几天，魏惠王、齐宣王、楚威王陆续赶到这里。苏秦与各位诸侯相见，大家就天下的局势进行了商谈，并对结盟订约的事情达成了一致。各国诸侯都认为，楚国和燕国虽然是资格比较老的国家，但是现在正是天下大乱的时候，就该按照国家实

力来重新排一下大小。即楚国第一,齐国第二,赵国第三,魏国第四,韩国第五,燕国第六。因为楚国、齐国和魏国的诸侯们已经改称为王,而赵国和燕国的国君还称侯,苏秦觉得这样称呼起来不太方便,所以提议六国国君一律称王,因为这次集会是由赵王牵头的,就让赵王作为东道主,居主位。楚国因为实力最强,居主宾位。这些提议,得到了与会诸侯的一致认可。最后苏秦拿出事先写好的盟约誓词,让各位诸侯过目,盟约内容就是按照苏秦当年给赵王提出的建议制定的。苏秦对这些国君们说:"我们这些中原大国,加起来可以说是地广兵多。秦国倚仗自己国力强大,想蚕食诸国的土地,妄想称霸天下。以前仅靠我们一国的力量,根本不是秦国的对手,现在我们中

原六国终于联合起来了，就应该患难与共，把秦国作为我们共同的敌人。现在盟约大家已经看过了，要是没有什么意见的话，还请各位大王签个字吧。"五国国君看后都表示没有意见，于是纷纷在盟约上签字。苏秦与诸位大王歃血为盟，共同拜告天地及六国祖宗，发誓说要是一国背盟，其余五国共同讨伐。宣誓仪式结束后，五国国君出席赵国准备的晚宴，在晚宴上，楚威王端着酒杯激动地说："今天我们六国能够联合起来，共同对付秦国，从此天下就能平安无事了，我们各国的黎民百姓也能永享太平盛世了。这都是苏秦先生的功劳。先生可谓功高盖世，德被千秋啊。我提议由苏秦先生担任我们六国纵约的'纵约长'，并且兼任六国国相的职务，以此来监督各国能够认真地履

行盟约。"楚威王的建议得到了诸国国君的一致认可，都说："楚王说得有道理，我们愿意由苏秦先生担任我们国家的国相。"

就这样，苏秦被公推为"纵约长"，六国诸侯都把各自的相印交给了苏秦，委托苏秦管理六国臣民，监督各国认真地履行盟约。苏秦也因此成了历史上唯一的一个担任过六个国家丞相的人。当时

在场的一位史官写了一首诗，记录了这一

激动人心的历史时刻。这首诗是这样说

的：

> 相要洹水誓明神，
>
> 唇齿相依骨肉亲。
>
> 假使合纵终不解，
>
> 何难协力灭孤秦？

苏秦从洹水集会上回来，北上向赵

王汇报本次集会的相关情况，中途要路

过洛阳。这一路上车辆马匹势如长龙，各诸侯国派使者护送苏秦的人多得数都数不过来，那气派比国王出行差不了多少。周显王听到这一消息后十分惊慌，赶紧派人清扫道路。并派文武官员到郊外进行慰问。苏秦的妻子和嫂子，斜着眼不敢抬头看苏秦一下，都趴在地上，一动也不敢动。苏秦笑着问他的嫂子："为什么嫂子先前对我那么无礼，现在却这么害怕？"嫂子吓得弯着身子把脸贴在地上说："那是因为叔叔你现在位高权重啊！"苏秦听了

深有感触地说："同样是对待我这个人，富贵了，亲戚们就这般敬畏我；贫贱的时候，却又那么鄙视我。真是世态炎凉，人情淡漠可见一斑了。要是当年我没有出去游说列国，而是守着家里的几亩薄田，只想着能够养家糊口，安分守己地做个老百姓，我又怎么能够佩戴六国的相印呢？"于是苏秦拿出了一些钱财，分给同族的人和朋友。当初苏秦到燕国去，借过别人的钱作为路费，现在苏秦百倍地偿还给他们，还报答了所有曾经给过他好处的人。

苏秦在洛阳逗留了几天，就又踏上了回去的路。回到赵国后，赵肃侯很高兴，封苏秦为武安君。苏秦心想既然六国盟约已经签订，就应该给秦国一个下马威，让秦国对目前天下的形势有个比较清醒的认识。于是苏秦派人把六国合纵的盟约送到秦国，秦人看后果然十分害怕，秦国军队躲在函谷关里面竟然不敢出来，这样的局面整整持续了十五年。

三、燕国为臣

六个诸侯国签订的合纵盟约让秦国感到十分恼火，因为它大大限制了秦国的对外扩张战略。秦国当然不愿长久这样下去，得找个机会拆散六国联盟才对，否则秦王非得憋死在函谷关里面不可。后来秦国终于找到了突破口。秦国派犀首欺骗齐国和魏国，假装要和它们联合进攻赵国，想破坏合纵的盟约。结果齐国和魏国上当受骗，一起出兵进攻赵国。赵肃

侯对此大为光火，赵王作为联盟的盟主，最为担心的是秦国，时刻防范的是秦国的进攻。万万没有想到的是，自己同一个战壕里的兄弟，竟然掉转枪头向他赵国开战，赵王怎能不恼火万分呢？在大骂齐国和魏国背信弃义的同时，赵王对苏秦也十分不满，认为苏秦这个"纵约长"没有尽到自己的责任，把责任一股脑全推到了苏秦的身上。赵王气愤地对苏秦说："看看吧，我的大'纵约长'，这就是你所主张的合纵抗秦的结果。现在我们赵国既得罪了秦国，又受到齐国和魏国的进攻。抗秦没有抗成，结盟反倒结成了一堆冤家，你不是说一国挨打各国都来救援吗？现在我们赵国就受到别国的进攻，让我见识见识你的援兵吧！"

苏秦害怕了，他也没有想到齐国和魏国会背信弃义地去攻打赵国。现在其他几个诸侯国都在一边看笑话，没有一个肯出面进行调解，况且魏国和齐国还在一个劲地进攻赵国，苏秦担心再这样下去，赵王一怒之下会杀了他。为了保住自己的性命，苏秦请求出使燕国，并向赵王保证说一定要出面调解此事。赵王现在被魏国和齐国搞得焦头烂额，也不想听苏秦到底在说些什么，糊里糊涂地就任由苏秦去了。

苏秦离开赵国后不久，存在十五年之久的六国合纵就彻底瓦解了。

苏秦离开赵国，觉得只有燕国才能够真心地收留他，所以就来到了燕国，受到了燕文侯的热情款待。这一年，燕文侯去世了，太子继位，这就是燕易王。这个燕易王可不是一般的君主。因为他的妻子是秦惠王的女儿，他也就是秦王的姑爷，也算是一个有背景的人了。燕易王刚登基没多久，齐宣王就趁燕国国丧的时候，出兵攻打燕国，一连夺取了十几座城

池。燕易王眼见齐军大兵入境，连攻下了
十几座城池，急得就像热锅上的蚂蚁，希
望苏秦能有个退兵的良策。

这一天，燕易王火速召见苏秦。一见
面，就先将了苏秦一军："先生你看，以前
你来我们燕国，我父王对你可不薄，不光
给你好吃好喝的，还资助你去见赵王。要
不是我父亲相助，先生也不会有后来的
风光。不仅享受荣华富贵，而且还身挂六
个国家的相印。再说各国诸侯可都是冲
着先生的主张去结盟的，盟约上不是说，

我们六个国家要互助互爱，情同一家，共图对付自己的敌人秦国吗？可是你看现在秦国的军队没有来，齐国的军队倒是攻打过来了。先是攻打赵国，接着又进攻我们燕国。我恐怕天下的人都会耻笑你这个身挂六国相印的'纵约长'啊！"

苏秦惭愧地对燕易王说："您父亲对我苏秦可算是不薄，我苏秦也不是一个忘恩负义的小人。现在齐国攻打燕国，是我这个'纵约长'的失职。我看齐国之所以这样做，恐怕是中了秦国的离间计。早晚有一天，齐王会后悔的。"

燕易王说："你的话是有几分道理，可是谁知道这个齐王什么时候才后悔啊。他要是十年八年后再感到后悔，恐怕我们燕国早就被齐国吞并掉了。"

苏秦看透了燕易王的心思，对燕易王说："这个还请大王放心，我这就去齐国一趟，帮你把失地收回来。不管怎样，齐国违约在先，我又是大家选举出来的纵约长，这点面子我想齐王还是会给的。"

燕易王连眼皮都没有抬，只从牙缝里挤出一句话："希望先生能够说到做到啊。"

苏秦无比沉闷地离开燕国，心里面不住地大骂齐宣王混蛋。放着安安稳稳的日子不过，非得弄得天下鸡犬不宁才高兴。

苏秦见到了齐宣王，先是拜了两拜，对齐国取得如此辉煌的战绩表示祝贺，接着又对齐宣王表示深切的慰问。

齐宣王这下子被苏秦给搞晕了，问："先生，你这是搞的什么名堂啊，一会儿

向我祝贺，一会儿又向我慰问的。你也知道，我们齐国部队刚刚在燕国打了几个胜仗，已经夺得了燕国十几座城池，我这高兴还来不及呢，有什么值得忧伤的事啊？"

苏秦忍不住在心里骂了一句：你这个厚颜无耻的家伙，还好意思在这说，要不是你今天打这个，明天打那个的，我能受今天这份窝囊气吗。不过苏秦毕竟是一个有文化有修养的人，依然面不改色地对齐宣王说："我正是为你攻打燕国的事

来的啊。我听说即便是再饥饿的人也不
会去吃河豚的肉,河豚的肉虽然味道很
鲜美,但是它也有剧毒啊。为了一时能够
填饱肚子就要冒着被毒死的危险,太不
值得了。现在大王就是在冒着被毒死的
危险在吃河豚肉啊。燕国虽然是一个小
国,你去攻打燕国当然可以暂时占些便宜
回来。但是大王你不要忘了,如今的燕易
王可是一个有背景的人,他可是秦王的小
女婿。秦王看到自己的女婿被人欺负,架
不住自己的女儿在面前哭哭啼啼的,能

够置之不理吗？要是把秦王给惹急了，出兵相助燕国，然后顺便向东再攻打一下你们齐国，大王你想一下，这可不是闹着玩的。你现在为了几座小小的城池，竟然要和强大的秦国结下仇恨，万一秦国让燕国作先锋，它们秦国做后盾，召集天下精兵强将攻打你们齐国，嘿嘿，到时候大王你可真的是吃不了兜着走了。你说大王我能不向你提前表示一下慰问吗？"

齐宣王一听，脸色都吓得变白了，忙

问："先生说得实在对极了，都怪我一时糊涂，听信我手下那一帮蠢货的话，才闯下了这么大的祸来。先生说我现在该怎么办啊？"

苏秦看到齐宣王这个样子，真是感到又好气又好笑，心想，这个家伙怎么还是这副德行，一点都没有变。苏秦拱了拱手，正色对齐宣王说道："我听说古时候那些贤明的君主，都善于掌握事情发展的方向，变不利的情况为有利的情况。大王也算得上是一个贤明的君主了，也一定会利用失败的机会取得成功。大王如果能够听从我的意见，就应该赶紧归还燕国的十几座城池，然后向燕易王解释一下说这只是一场小误会。燕易王见到城池失而复得，再加上你的诚恳道歉，肯定不会在他岳父大人那里告你的状的。再说要是秦王知道你是因为尊敬他老人家才归还燕国城池的话，想来也会非常高

兴。舍弃几座城池，却能够换来与燕王和秦王的友情，我想没有比这桩买卖更划算的了。这样一来，天下的人都知道大王你跟秦王有交情了，诸侯们哪个不怕你三分？到时候你发号施令，哪个人敢不从命啊？大王只需要口头表达一下对秦王的无限热爱，然后再把这几座城池归还给燕国作为行动，就能够换来一个做霸主的机会，试想天下的诸侯们哪个能有这样的机会啊。还请大王三思啊！"

齐宣王再三斟酌，认为苏秦说的话还是很有道理的，于是下令从燕国撤兵，归还了占领的城池，并且还专门派了使者到燕国进行道歉。

燕易王激动万分，心想这个苏秦真是太有才了，怪不得父王在世的时候这么器重他啊，看来应该重用苏秦才对。然而，不少燕王的宠臣听到燕王要重用苏秦的消息后，因为嫉妒苏秦，都纷纷前来在燕易王面前诋毁他："大王啊，像苏秦这样的人怎么能够重用啊？苏秦是一个反复无常、背叛国家的家伙。本来他是一个东周人，却要投靠我们燕国。想我们先王对他不薄啊，他不但不领情，反而贪图富贵，到赵国去做什么武安君。现在赵国国王嫌弃他了，他又来到我们燕国来了。大王要是重用这样一个左右摇摆的家伙，迟早会出事的。"燕易王听了这些谗言，内心动摇，不但没有重用苏秦，反而剥夺了他原来的官职。

苏秦自以为此次出使齐国,功高盖世,不被燕王重用已是没有道理了,现在居然还落得个剥去官职的下场。他知道是燕王手下那帮嫉妒他才能的人在燕王面前说了他的坏话,肺都快气炸了。他决定亲自去找燕王。

苏秦见到燕易王,直言不讳地说:"大王,我苏秦本来就是一个一文不值的老百姓,蒙受先王厚爱,资助我成就一番事业。当年我就发誓要报答先王对我的知遇之恩。我从赵国来到燕国,没有半点功劳,大王还授予我个一官半职,对我

以礼相待。先王加上大王对我的恩情，远比泰山还要重啊。我怀着一腔报答之心，前去齐国说服齐王，不仅替大王说退了敌兵，还收复了失地。我不求大王给我多大的回报，因为我认为这是我应该做的。但是大王不该剥夺我的现任官职，疏远我啊。我知道大王不是那种过河拆桥的人，肯定是有人在你面前恶语中伤我，说我苏秦是一个不诚实的人吧？其实，我的'不诚实'，正是大王的福气啊！"

燕易王一听，感到有些摸不着头脑，诧异地问："怎么重用一个不诚实的人反而成了我的福气呢？有哪个君王不喜欢

诚实的臣子？"

苏秦没有正面回答，而是说："大王，现在假如有这么三个人，一个非常孝顺，像曾参；一个是非常廉洁，像伯夷；一个非常诚信，像尾生。要是让这三个人来辅佐你，你看怎样啊？"

燕易王毫不迟疑地说："我听说曾参是一个非常孝顺的人，甚至不愿意离开自己的父母一天，寡人治国向来主张以孝治天下，在我看来，曾参算得上是一个诚信的人。我听说伯夷为人非常廉洁，而且非常忠于君王，宁可饿死也不肯做周武王的臣子。至于尾生，我听说他和一个女子在桥下约会，洪水来了也不离开，宁肯抱着桥墩让水淹死也要等那个女子，没有比尾生再诚信的人了。寡人要是能得到这三个人相助，作为一个君主，没有什么可祈求的了。"

苏秦摇摇头说："大王你这样想就

太不对了。曾参很孝顺，这是不假。但是
他的孝顺只是对他的父母，而不是对自
己的君主啊。曾参把孝顺作为头等大事，
看得比自己的生命还重要，他甚至都不肯
离开自己的父母在外面一天，这样一个
连家都不愿离开的人，大王又怎么能让
他像我这样跑到千里之外，为了解救燕
国的危急而到处奔走呢？大王你是知道
的，我在东周的家里，还有年迈的双亲，
还有我的一家老小，我舍弃我的父母、妻
子和孩子，千里迢迢来到燕国，为的是什
么啊？不就是为了能够使天下的百姓安居
乐业，为的是大王你能够安心地治理自己
的国家吗？要是天
下的人都像曾参那
样，连自己的家门都不愿
意出去，那么谁又肯
为了天下的
黎民百姓
而奔走疾呼呢？再说那个

伯夷,伯夷廉洁是不假,伯夷热爱自己的国家这也没有错,有哪个人不爱自己的国家呢?但是每个人热爱自己国家的方式是不一样的。就像那个伯夷,一味地忠于已经被推翻的商朝,本来武王伐纣是替天行道的正义之举,得到了天下百姓的拥护,没有谁为商朝被推翻而替商纣王感到惋惜,所有的人都乐意接受周武王的英明领导。可是这个伯夷,却做出了令人感到又好气又好笑的事,竟然不肯接

受周武王给他封侯的赏赐，宁肯饿死在首阳山，也不肯出来做周武王的臣子。我觉得这样的忠诚实在是一种愚忠啊，为了一个被天下人唾弃的君主，宁肯自杀也不肯出来为天下的老百姓做些好事，你想，这样一个顽固不化的家伙，大王怎么能够让他千里迢迢为了燕国的老百姓做事呢？再说一下那个尾生，我觉得与其说这个人诚信，倒不如说这个人愚昧。你看他和女子约好在桥洞下相会，现在这个女

子没有来，可是洪水来了，这个尾生宁肯

抱着桥墩被洪水淹死，也不知道躲一躲。

大王想一下，这个尾生是不是傻透顶了？

人人都知道应该先上岸躲避一下，等洪水

退了再下去等候那个女子也不迟啊。这

样一个白白牺牲自己性命的人，实在是一

个愚蠢得让人感到惊讶的家伙。大王，

这样的一个人，愚蠢到了这种程度，你怎

么又能希望他用智慧迫使齐国君主退兵

呢？"

"大王，我虽

然没有像曾参那

样整天守在自己

的父母身

旁，也没有

像伯夷那样为了自己的国家而送死，更没有像那个尾生一样糊里糊涂地就搭上自己的一条命。但是我能够为了天下百姓的幸福，宁肯背上对自己父母不孝之罪；我能够为了各国诸侯们高枕无忧、永享太平盛世，而远离自己的国家；我能够报答先王和大王的知遇之恩，而不远千里去说服齐王，让你们燕国的局势转危为安。大王，正是因为我苏秦为人太诚信了，才被小人嫉妒，才不被大王您信任啊！"苏秦越说越动情，禁不住从衣袖里掏出手帕，擦了擦眼泪。

燕易王也被苏秦说得动了感情，禁不住热泪盈眶："先生的一番话，真的让我感到惭愧啊，看来是寡人听信小人的谗言，错怪了先生。天下是没有人因为诚信而获罪的。"

苏秦对燕易王摇摇头说："大王，天下被冤枉的好人太多了，有

些忠厚老实的人，就是因为太诚信了反而被猜忌获罪。我听说有个在外地做官的人，一年很难回家一次。他的妻子耐不住寂寞，与一个男人相好。这一天，他妻子正和这个男人在家，忽然听说丈夫回来了，害怕事情败露，就让小妾去给丈夫献上一杯毒酒，企图把丈夫毒死。这个小妾是一个非常忠厚老实的人，她想说出酒中有毒，又怕丈夫一怒之下杀掉他的妻子；要是不说吧，又害怕丈夫被毒酒毒死。左右为难，只好在献酒的时候假装摔倒，把酒洒在了地上。丈夫大发雷霆，以为是小妾故意的，不分青红皂白就打了她五十鞭子。大王你看，尽管这个小妾是一个忠厚老实的人，这样做既可以保住妻子的命，又可以保住丈夫的命，可以说是一个坚守忠信的人。但是她非但没有受到奖励，反而还得到了一顿毒打，大王，这就是因为诚信

反而获罪的例子啊。我的不幸，跟这件事恐怕有些相似吧。所以天下的事，很多并没有像大王想得那么简单。"

燕易王眼睛眨巴了半天，才喃喃地说："看来天下还真有因为诚信而获罪的事啊。"燕易王站起来，对苏秦拱了拱手，说："父王在世的时候，就多次对我谈起先生的为人，并对我说将来一定要厚待先生。都怪寡人年幼无知，没有牢记父王的教导，反而听信小人的谗言，一时冒犯了先生，还请先生多多见谅。"后来，燕易王又重新重用了苏秦，提拔苏秦做了上卿，对苏秦非常信赖。

四、卧底齐国

苏秦身居燕国，虽然远没有身挂六国相印时那般春风得意，但在燕国也是威风得不得了。虽然燕易王对苏秦宠爱有加，但是苏秦对燕易王的外交路线越来越感到不满。原来燕易王继位后，一改燕文侯时结交楚国和魏国的方针，不仅对楚国和魏国有些疏远，反而亲近和燕国有着宿仇的齐国。苏秦感到不可理解。于是他单独求见燕易王，向他说起了此事。

苏秦对燕易王说："大王，我苏秦本来就是东周一个贫苦的百姓，没有什么显赫的家庭背景。当年我一个人出来闯荡的时候，天下连一个瞧得起我的人都没有。我听说先王为人仗义，而且又在招揽人才，就想来你们燕国碰碰运气。没想到先王一见到我，不仅对我厚礼相待，还资助我前去各国游说。我只是一个粗俗的人，仅仅是因为多读了几本书，先王就这般爱惜我。大王，你知道为什么先王如此求贤若渴吗？"

燕易王想了想说："我只知道父王爱惜人才，却没有想过他为什么这样，大概当时天下的诸侯都

是这样做的吧。"

苏秦摇摇头说："大王你有所不知啊，当年我还在跟鬼谷子先生读书的时候，正是燕国国内动荡不安之际，而此时的齐国看到燕国国内政局不稳，与中山国联合起来，共同攻打你们燕国，一时间燕国国内生灵涂炭，哀鸿遍野。先王在一片废墟中建立国家，他立志要报仇雪恨，这才搭起了黄金台，招揽天下的贤良，前来为燕国出谋划策，想要振兴燕国，将来教训一下齐国。所以大王千万不要忘记，齐国是你们燕国的宿敌啊！先王是一位非常贤明的君主。现在我看到大王你同

样是一位非常贤明的君主，才愿意跟你说这些话。"

燕易王对苏秦说："我对父王那是敬佩得不得了。父王能够礼贤下士，把我们的国家治理得井井有条，先生说我父王贤明，我当然是没有任何疑义的。但是先生说寡人贤明，我自认为实在是有愧于'贤明'这两个字啊。"

苏秦说："我所说的贤明的君主，不仅仅是指能够治理国家，而且还要能够善于总结自己的缺点，能够接受别人提出的建议。我之所以说大王贤明，正是因

为在我看来，大王不是个只希望听到别人夸赞的人，而是一个乐于接受别人批评的人。现在我就觉得大王有件事做得不妥，所以请允许我当面指出大王的过失。"

燕易王一听，心想：这个苏秦，是先夸我后训我。怪不得父王在世的时候，都让他说得没什么话可说了。燕易王对苏秦说："我自认为当上这一国国君之后，每天都勤勤恳恳，为了黎民百姓，饭也吃不香，觉也睡不好，唯恐有一丝懈怠而辜负了先王对我的厚望。我虽然能力有限，但是没觉得做过什么蠢事，不知道先生

说出这番话来，是为了什么呢？"

苏秦回答道："大王，我就直接跟你说了吧，我所说的你的失误，是指你的外交方针有问题。我认为，国家的根本大计在于选择正确的外交政策。外交政策恰当，国家才能平安无事，否则必然后患无穷。大王恕我直言，我觉得你现在所执行的外交路线就有些欠妥当。刚才我说了，齐国是咱们燕国的宿敌，而楚国和魏国也算得上咱们燕国的老朋友了。当年齐国攻打燕国的时候，楚国和魏国在背地里可没少帮燕国的忙啊。这也是先王在世的时候一直与楚国和魏国结成伙伴的原因。可是你现在却一改先王的方针，不仅对楚国和魏国疏远，而且还和齐国交好，甚至还想和齐国一起，攻打楚国和魏国。大王，你要好好想一想，你这样做是不是外交上的重大失误啊！你这样做，不仅会导致咱们燕国在天下诸侯中处于孤立无援的境地，而且对于我们燕国的复仇大计一点儿帮助都没有。我不知道大王身边那些权臣和谋士们都是怎么想的，看到大王犯下这么大的错误，竟然没有一个出来给您提意见的，这些人都算不得忠心耿耿啊。不知道大王认为我说得对不对？"

燕易王说："先生说的是没有错，我不是一个糊涂的人，也牢牢记住了父王生前交代给我的复仇重托。我自然不会忘记齐国和我们的仇恨，也整天想着怎样能够报仇雪恨。可是先生你也知道，论国家的实力，我们燕国实在是在齐国之下啊，我因为燕国的力量不够，所以迟迟没有行动。先生要是能够凭借

燕国现有的力量打败齐国，一雪我们燕国当年的国耻，我愿意把我们整个国家都委托给你进行管理。只怕先生也不敢下这个决心吧？"

苏秦回答说："现在天下能够数得上的国家只有七个，而燕国是这七个国家中实力最弱的一个，这是一个不争的事实。要是仅凭燕国一个国家的力量，去和齐国进行决战，别说是现在，就是十年以后也未必能赢。我们一国的力量是弱了些，但是我们可以联合天下诸侯的力量，结交天下的诸侯，壮大我们燕国的实力。不管和谁联合，都比我们一国单打独斗强得多。楚国的关系一直和我们不错，向南我们可以和楚国结盟；而秦国更不用说了，你是秦王的小女婿，向西和秦国结盟自然是没有什么问题。在中原这片土地上，我们燕国向来是抱着

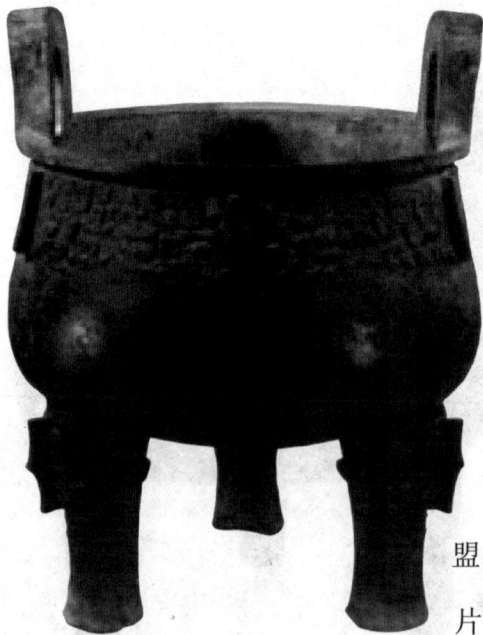

和其他诸侯国友好的态度进行交往的，想来要是和韩国、魏国结盟的话，他们也是乐意的。如果咱们和这些国家结成联盟的话，那么燕国就不再是那个任由齐国侵略的弱国了。现在齐国仗着自己的国力雄厚，和天下诸侯为敌，甚至连秦国都不放在眼里。齐国连续和楚国打了五年的仗，估计耗费的钱财已经让国内空虚不堪了。齐国向西和秦国还打了三年的仗，国内的老百姓早已苦不堪言。前些日子，齐国和宋国交战，侵入宋国的先头部队全军覆没，齐国还损失了好几员大将。但是齐国还不死心，仍然命令所剩的军队继续向宋国进攻，估计这个齐王是脑子被烧糊涂了吧，难道不知道宋国是一个拥

有五千辆战车的军事大国吗？现在齐国
竟然与天下诸侯为敌，已经遭到了诸侯
们的一致反对。况且我听说，这些年齐国
连年征战，国内的老百姓苦不堪言，士兵
们疲惫不堪，打仗的时候也没有什么积极
性。趁着齐国现在元气大伤，要是我们现
在能够联合其他几个诸侯国，一起攻打
齐国，我相信离咱们燕国报仇雪恨的日
子就不远了。"

燕易王说："先生说的是很有道理
的。但是齐国可不是那么好对付的，光是
齐国能够用来守卫的天险就让人头疼得
不得了。我听说齐国的边境有清济河
和浊河护卫着，

每条河都水深几十尺，要想渡过这两条河流，那简直是比登天还难。况且齐国还有长城作为要塞，要想进攻到齐国国境不是那么容易的事情吧？"

苏秦回答说："天时、地利、人和，这是决定战争胜利的三个主要因素。就算齐国有天险可以守卫，充其量也只能是在地利上占些优势；但是天时和人和不占优势的话，也很危险。尽管他们有清济河和浊河可以依赖，有长城可以固守，但是现在齐国的老百姓都已疲惫不堪，士兵们也都怨声载道，再加上天下的诸侯没有一个不厌烦齐国的，在这样一种情况下，再好的地利又能怎么样呢？大王你看，以前齐国用兵的时候，从来都没有在济西一带征过兵，因为害怕赵国起疑心；也从来没有在河北一带征过兵，因为害怕咱们燕国起疑心。可是，现在齐国对这些都顾不上了，在济西、河北一带都已经征兵了，这说明了什么？这说明了齐国现在严重地缺乏兵源，只能到处抓壮丁。可以想像，齐国国内现在已经是一副什么样子了，这真的是上天赐给我们的一个绝好的机会啊，还望大王您三思啊！"

燕易王沉吟片刻，对苏秦说："先生说得太有道理了，我也觉得这是一个非常好的机会，那么依照先生的意思，我们应该怎么办？"

苏秦说："骄横的君主，一定会贪图眼前的一点小小的实惠。想要成就大事的人，就一定要能够忍受一时的耻辱。现在大王首先要

取得齐国的信任，让你的侄儿去齐国做人质，然后多带些珍珠、玉石和布帛去贿赂齐王身边的亲信大臣，只要取得了齐王的信任，再加上齐王身边的亲信大臣给我们燕国说好话，齐国就会对我们燕国失去警惕，到时候等时机成熟了，我们再联合天下诸侯国的军队攻打齐国，就是一件非常容易的事情了。"

燕易王说："先生说的办法实在是高明极了，为了报仇雪恨，我愿意听从先生的安排，让我的侄子到齐国做人质。"

于是，按照苏秦的建议，燕国派了一位公子到齐国去做人质，苏秦也陪着这位公子一起到了齐国，齐国给予苏秦很高的礼遇，而且还盛情款待了他们。

六合之光

東周六國相蘇公諱□字□秦李子

公元二○○一年歲次壬午之夏敬立

福建省□川區□南安村兩□

五、苏秦之死

苏秦从齐国回来，就忙着联合五国诸侯的力量，想着尽快为燕国报仇雪恨。但是苏秦也感觉到，在燕易王身边有太多的人嫉妒自己的才能，总想费尽心机把他搞垮，他不得不提防。苏秦最害怕的是别人揭穿他和燕文侯的夫人、也就是燕易王的母亲通奸的事情。其实，燕易王早就知道此事，但是出于极其微妙的心理，一直装作不知道，反而对苏秦更加亲近。

如果没有外来因素，彼此也能够相安无事下去。但是，苏秦害怕那些嫉妒他的人早晚会拿这件事大做文章，一旦弄得满城风雨，让燕易王觉得没有脸面的话，燕易王岂能饶他？燕易王随便找个理由，就能置他苏秦于死地啊。所以，苏秦想，现在最好的办法就是赶紧离开燕国。

去哪里呢？苏秦想来想去，决定去齐国。关键在于他想报复齐国，因为齐国一次次让他下不来台——先是破坏盟约，接着攻打赵国，后又攻打燕国。所以他要弄得齐国鸡犬不宁，也算报答了燕王的知遇之恩了。

乍一听苏秦要离开，燕易王十分惊愕，再一听苏秦要去齐国，更是疑惑不解。

苏秦说："大王，我继续留在燕国，不会给燕国带来更大的好处，我要是去了齐国，就会加速齐国亡国的步伐。"接着，苏秦向燕易王说了他的想法。

燕易王深知现在燕国最大的敌人就是齐国，假如苏秦的计划能够实现的话，无疑对燕国的复仇大计是有利的。他答应了苏秦的请求。

苏秦假装得罪了燕易王而跑到了齐国去，得罪的理由、逃

跑的经过，苏秦都编得天衣无缝，齐宣王没有看出任何破绽。不仅给予苏秦很高的礼遇，而且还委任苏秦为客卿。

没过多久，齐宣王去世了，齐泯王继位。齐泯王对待苏秦仍然像先王那样宠信，言听计从，甚至有过之而无不及。

苏秦利用宣王去世的机会，劝说齐泯王隆重地安葬先王，用以表彰自己的孝道，借以征得人心。齐泯王认为苏秦言之有理，就问他该怎样安葬才算隆重。苏秦早就为他设计好了安葬的方式。一是将先王的墓地建得无与伦比；二是应该

将现在的宫殿加高，并且多辟园林，以示
先王去世后，泯王有着远大的志向。只有
这样做，才能使齐泯王天下归心。齐泯王
觉得苏秦说得很有道理，就下令照此办
理。

然而这样大兴土木，不知道使齐国
耗费了多少人力物力财力。本来齐国连年
征战，国力开始衰退，这下子百姓们就更
怨声载道了，群臣们都暗自叹息。齐泯王
还蒙在鼓里，以为自己这样做一定会赢得
天下人的赞誉，却不知道这正是中了苏秦

萬物之盗萬 之理也天地 天生矢穀道 冲篇

的计谋。苏秦就是要让齐国破落衰败下去。

一遇到时机，苏秦绝不放过，明则为齐国出谋划策，而且让齐王深信不疑，实际上却是要促使齐国的国力衰退，不战自败，为五国联军攻打齐国做好准备。

齐国的大臣们都很仇视苏秦，但是论起聪明智慧，没有一个人能斗得过苏秦，机关算尽，始终无法动摇苏秦的地位，苏秦始终是齐泯王最宠信的人。

于是群臣就想了一个办法：用重金收买了一个刺客，密谋刺杀苏秦。结果苏秦在回家的路上遭到刺客刺杀，虽未当场死亡，但是伤势已经很重了。

齐泯王听说后大怒，下令捉拿凶手。但是臣子们大都仇恨苏秦，互相勾结，谁也不肯说出凶手是谁。

苏秦料想自己不久就会离开人世，又见凶手逃之夭夭，料定他死后也不会抓住凶手。此仇不报，怎么能够瞑目？最后，苏秦想出一个抓住凶手的办法。尽管这个办法很残酷，但是此刻他也没有更好

的办法了。

苏秦对齐泯王说："大王，我就要死了。看来我不仅死前见不到你惩治凶手，恐怕我死后在天之灵也看不到啊。现在大王要是能够按照我说的去办，凶手也许就能抓到。"

齐泯王问："怎么办？"

苏秦说："请求大王派人在街市上将我五马分尸，就说我是为了燕国在齐国作乱，才受到如此残酷的惩罚的。这样，杀害我的凶手就会自动露面了。大王，那时

你也就可以替我报仇了。"

齐泯王觉得这样太残忍了，下不了手，问："难道没有比这更好的办法了吗？"

苏秦说："大王要是想为我报仇的话，只有这样做，才能有一线希望。请大王满足我的愿望吧。"

在苏秦的再三要求和说服下，齐泯王无奈只好按照苏秦说的去做。杀害苏秦

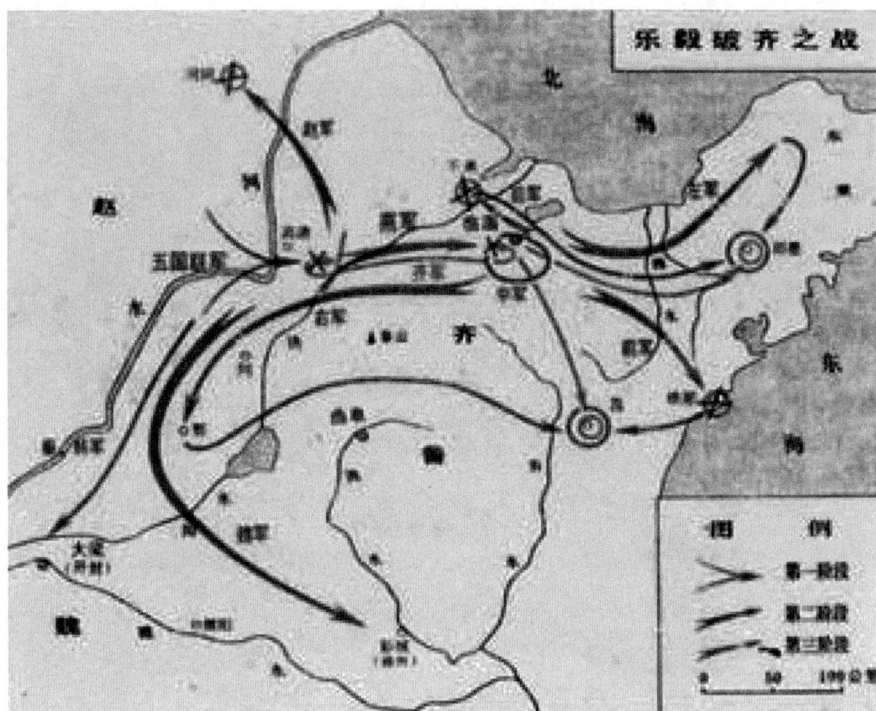

的凶手果然露面了，他满以为刺杀间谍是立了大功的，肯定会受到齐王的封赏，岂不知这样做是自投罗网。齐泯王当场就让人杀死了他。

苏秦死了之后，齐泯王还为失去这样一个宠臣而伤心不已，却不知道苏秦真的是燕国的间谍。此时的齐国已经被苏秦破坏得国力衰退了。等到燕国的大将乐毅率领秦赵韩魏燕五国联军攻打齐

国的时候，齐泯王才知道苏秦来齐的真
实目的，但是已经悔之晚矣。乐毅率领的
五国联军以迅雷不及掩耳之势，从齐国
防守最薄弱的北部边境一举攻入齐国，
齐军在济西败于五国联军，全军覆没。接
着，乐毅率军长驱直入，攻破齐国都城临
淄。齐泯王逃出城外后被杀，燕国终于报
了多年的宿仇。由乐毅率领的五国联军
能够这么轻松地打败齐国，自然和他们出

动的军队数量多以及乐毅的军事才能有关，但是苏秦的所作所为无疑起着极其关键的作用。

苏秦由一个普通的老百姓，成为名扬天下长于计谋的说客，终于成功游说六国合纵结盟，身挂六国相印，这说明了苏秦是一个相当有才能的人。尽管他所奔走呼号的纵横大业，并不顺应历史发展的潮流，但是他那刺股求学、拼博进取的精神，是值得后人学习的。他的功绩闪烁出的智慧的光芒，也是永远不能抹杀的。